PREMIER CONGRÈS
DE
POLICE JUDICIAIRE
INTERNATIONALE
AVANT-PROGRAMME
PRINCIPAUTÉ DE MONACO
14-20 Avril 1914

TABLE DES MATIÈRES

❋   ❋

COMITÉ D'HONNEUR
(MONACO)

Président :

M. FLACH, Ministre d'État.

Vice-Présidents :

MM. ROUSSEL, Secrétaire d'État.

DE ROLLAND, Premier Président de la Cour d'Appel.

LAGOUELLE, Conseiller du Gouvernement pour l'Intérieur.

ALAIN, Procureur Général.

Membres :

MM. VERDIER, Président de Chambre à la Cour d'Appel.

DE LOTH, Avocat à la Cour d'Appel.

HUGUET, Président du Tribunal de Première Instance.

MAUREL, Vice-président du Tribunal de Première Instance.

DU VIGNAUX, Premier Substitut du Procureur Général.

CODUR, Commissaire Central.

Secrétaire Général :

M. Henri SIMARD, Directeur de la Sûreté Publique.

Secrétaire Général Adjoint :

Me GEORGES-ANQUETIL, Avocat à la Cour d'Appel de Paris.

RÈGLEMENT

DU

Premier Congrès de Police Judiciaire Internationale (*)

♣ ♣ ♣

ARTICLE PREMIER.

L'ouverture de ce Congrès international aura lieu à Monaco en avril 1914. Sa durée sera d'une semaine au maximum.

ARTICLE 2.

Seront admis à prendre part à ses travaux :

a) Les délégués officiels envoyés par les Gouvernements ;

b) Les membres des Parlements ;

c) Les membres de l'Institut ou des Académies nationales ;

d) Les professeurs, professeurs-adjoints, agrégés, chargés de cours et maîtres de conférences des Facultés et Universités ;

e) Les membres des Cours et des Tribunaux ;

f) Les avocats régulièrement inscrits à un barreau ;

g) Les hauts fonctionnaires de l'administration pénitentiaire ;

(*) N'empiétant en aucune façon sur les Congrès pénitentiaires internationaux, ce Congrès s'occupera de rechercher avant tout les moyens d'obtenir plus de facilité et de rapidité dans l'arrestation des individus qui ont commis un crime ou un délit, où qu'ils se réfugient. Il ne s'en occupe qu'avant leur arrestation, et nullement après.

h) Les hauts fonctionnaires des ministères de l'Intérieur, de la Justice et des Affaires étrangères;

i) Les officiers de police judiciaire;

j) Les membres du Comité ayant participé à la préparation du Congrès;

k) Les délégués et membres des Sociétés pénitentiaires, des Sociétés savantes et des Sociétés de patronage ;

l) Les personnes qui se sont fait connaître par leurs travaux scientifiques en la matière.

ARTICLE 3.

Nul n'est admis aux séances publiques de l'Assemblée générale, s'il n'est porteur d'une carte personnelle délivrée à l'entrée du local du Congrès.

ARTICLE 4.

Le bureau provisoire est formé des membres du Comité d'honneur. ·

ARTICLE 5.

L'Assemblée, dans sa première réunion, vérifie les pouvoirs des membres du Congrès, nomme son bureau définitif et arrête l'ordre des séances. Les membres définitivement admis reçoivent une carte personnelle, contre paiement d'une somme de vingt francs, à titre de cotisation d'entrée.

ARTICLE 6.

Les membres se répartissent, pour les travaux préparatoires, en quatre sections respectivement chargées d'arrêter provisoirement et de proposer à l'Assemblée générale la solution des questions comprises au programme.

ARTICLE 7.

Ces questions sont les suivantes :

1re *Section*. — Unification de la procédure d'extradition.

2e *Section*. — Anthropométrie préventive internationale des conscrits.

3e *Section*. — Création d'un casier central international.

4e *Section*. — Recherche générale de tous moyens de nature à hâter et simplifier l'arrestation des criminels (tels que : franchise postale, télégraphique et téléphonique internationale pour les chefs des parquets et de police, création d'une feuille signalétique internationale, etc.) avec une sous-section exclusivement composée de fonctionnaires de police, qui étudiera des questions techniques (telles que : moyens de défense et de protection des agents, principe d'un langage chiffré international entre toutes les polices, etc.).

ARTICLE 8.

Chaque membre désigne la section à laquelle il désire appartenir; toutefois le même membre peut successivement prendre part aux travaux de plusieurs sections, puisqu'elles ne siégeront pas en même temps.

ARTICLE 9.

Chaque section nomme son bureau, et, après avoir discuté sur les rapports qui lui sont soumis, choisit un ou plusieurs rapporteurs généraux chargés de présenter des rapports écrits à l'une des séances de l'Assemblée générale.

ARTICLE 10.

Tous les rapports, documents, notes, propositions, relatifs aux travaux du Congrès, sont distribués aux sections

que ces travaux concernent. Tous les rapports préparatoires
seront d'ailleurs imprimés et adressés à tous les adhérents
avant l'ouverture du Congrès.

ARTICLE II.

Les sections (dans le local qui leur est respectivement
assigné) et l'Assemblée générale (dans la salle des séances)
se réunissent, en principe, les premières : le matin ; la seconde :
l'après-midi, à moins de décision contraire du président.

ARTICLE 12.

Les membres signent la liste de présence déposée à l'entrée
du local.

ARTICLE 13.

Le président a la police des séances et la direction des
débats ; il arrête les ordres du jour, en se concertant avec
le bureau.

ARTICLE 14.

L'Assemblée vote, après discussion, sur les conclusions
des rapporteurs. Tout projet d'amendement à ces conclusions
doit être remis, écrit et signé par son auteur, appuyé par cinq
membres au moins, au bureau qui le soumet à l'assemblée.

ARTICLE 15.

Le vote a lieu par appel nominal dans tous les cas où il
est réclamé par six membres au moins dans les sections,
et par vingt membres au moins à l'Assemblée générale.

ARTICLE 16.

Les votes sont recueillis par pays et classés par ordre alphabétique.

ARTICLE 17.

Aussi bien dans l'Assemblée générale que dans les sections, seront seuls admis au vote les membres qui auront signé sur la liste de présence, avant la discussion.

ARTICLE 18.

Les secrétaires, soit de l'Assemblée générale, soit des sections, tiennent un procès-verbal qui mentionne l'ordre et l'objet des délibérations et les résultats du vote.

ARTICLE 19.

Aucune proposition, en dehors des matières du programme, aucune lecture de mémoire ou de note ne peuvent être faites à l'assemblée générale, ni aux sections, sans l'assentiment du bureau.

ARTICLE 20.

L'ordre du jour ou la question préalable peuvent toujours être demandés contre toute proposition incidente.

ARTICLE 21.

La durée de chaque discours ne devra pas dépasser quinze minutes; et les orateurs ne pourront parler plus de deux fois sur le même sujet, à moins que l'Assemblée, consultée par le président, n'en décide autrement.

ARTICLE 22.

Bien que la langue française, qui est celle du Congrès, soit employée pour les débats, les membres sont néanmoins admis à s'exprimer en d'autres langues, à la condition expresse d'apporter un résumé en français de leur discours, dont lecture sera faite par l'un des secrétaires.

ARTICLE 23.

Pour assurer l'exactitude et faciliter la prompte publication du compte rendu, les orateurs sont invités à remettre au bureau, dans le plus bref délai possible, la substance de leurs dicours, ou tout au moins des notes qui puissent guider les personnes chargées de la rédaction du compte rendu destiné à l'impression, et qui sera publié en langue française.

ARTICLE 24.

Le bureau du Congrès statue en dernier ressort sur tout incident non prévu au règlement.

ARTICLE 25.

A la fin de sa dernière séance, l'Assemblée générale désignera la date et le lieu de réunion du prochain Congrès, à l'ordre du jour duquel les sections signaleront les questions qu'il leur paraîtrait intéressant de voir porter.

AVANT-PROGRAMME

* *

Le premier Congrès de Police Judiciaire Internationale se tiendra à Monaco, sous le haut patronage de Son Altesse Sérénissime le Prince Albert Ier de Monaco, du mardi 14 au samedi inclus 19 avril 1914.

Ceci n'est qu'un avant-programme; mais le programme définitif, contenant les détails des travaux et la liste des membres et rapporteurs du Congrès, sera ultérieurement établi.

Le Congrès s'ouvrira le mardi 14 avril 1914, à 15 heures, par une Assemblée générale solennelle, qui aura lieu dans la salle de conférences du Musée océanographique, en présence de S. A. S. le Prince Albert Ier de Monaco.

Cette séance commencera par l'élection du président effectif, des vice-présidents, la présentation des délégués et la constitution officielle des sections.

Les travaux, qui se poursuivront quotidiennement dans l'ordre indiqué plus loin, seront clôturés le samedi 19 avril, à 14 heures et demie, par une Assemblée générale solennelle, qui se tiendra dans la même salle que la séance d'inauguration.

SECRÉTARIAT

Le Secrétariat du Congrès sera installé au Lycée, établissement voisin du Musée océanographique.

Les Congressistes seront reçus toute la journée du lundi, veille de l'ouverture du Congrès, et le mardi matin, jusqu'à onze heures, par les attachés au Secrétariat, qui seront à leur disposition pour tous renseignements utiles.

Entre temps, les personnalités désireuses de parti-
ciper, d'une manière quelconque, aux travaux du
Congrès, sont priées d'adresser leurs communications
au Secrétaire général : M. Henri Simard, Directeur
de la Sûreté publique de la Principauté de Monaco,
Palais du Gouvernement.

ADHÉSIONS

Le droit d'inscription et d'entrée, qui est fixé
à 20 francs, assurera la réception du volume publiant
le compte rendu général des travaux du Congrès.

Les personnes désirant s'inscrire sont priées de
remplir, signer, détacher et envoyer d'urgence
au Secrétaire général du Congrès le bulletin d'adhé-
sion qui se trouve à la fin de cette brochure.

INSIGNES

Un insigne numéroté et une carte personnelle
seront délivrés aux membres du Congrès.

L'accès du Musée, des salles de réunion et des
fêtes, ainsi que la participation aux excursions, seront réservés aux seuls membres munis de leurs
insignes.

C'est donc dès leur arrivée que les membres du
Congrès sont priés de se rendre au Secrétariat, pour
retirer leurs insignes, cartes personnelles et tous
autres documents qui leur seront délivrés.

GALAS ET EXCURSIONS

Le mardi soir 14 avril, à 21 heures, une repré-
sentation de gala sera donnée en l'honneur des Congressistes à l'Opéra de Monte-Carlo.

Un banquet, dont la date reste à fixer, sera offert par Son Altesse Sérénissime, ainsi qu'une réception au Palais (uniforme ou frac et ordres).

Un après-midi sera consacré à une promenade en mer, remplacée, pour les personnes qui le désireraient, par une excursion sur la Corniche.

Enfin, une journée sera entièrement réservée pour une grande excursion dans un des merveilleux sites de la région.

LES SECTIONS

Les travaux du Congrès seront répartis en quatre sections, qui sont indiquées au règlement, publié d'autre part.

TRAVAIL DES SECTIONS

Le travail des Sections aura lieu au Lycée exclusivement le matin. L'ordre du jour définitif sera dressé ultérieurement.

LES ASSEMBLÉES GÉNÉRALES

Les Assemblées générales auront lieu exclusivement l'après-midi, dans la salle des conférences.

COMMUNICATIONS

Les Congressistes désireux de soumettre des rapports ou des communications, soit aux Sections, soit aux Assemblées générales, sont priés d'en envoyer les titres le plus tôt possible. Ces inscriptions ne seront reçues que jusqu'au 15 mars.

PUBLICATION DU COMPTE RENDU

Le sommaire de toute communication devra être au préalable adressé au Secrétaire de la Section intéressée. Les différents rapports et communications seront réunis en un volume, qui sera envoyé franco de port aux membres du Congrès. Afin d'en permettre la publication aussi rapide que possible, tous les manuscrits, photographies et documents devront parvenir sans faute avant le 1ᵉʳ juillet 1914 au Secrétaire général du Congrès. Toute communication parvenant dans le courant de juillet 1914 ne pourra voir figurer que son titre.

VOYAGE A PRIX RÉDUIT

Les Compagnies de chemins de fer français consentent une réduction de 50 o/o sur leurs tarifs en faveur des Congressistes.

Pour bénéficier de la réduction de 50 o/o accordée par les grands réseaux sur les prix de leur tarif général (tarif plein à l'aller, gratuité au retour) aux membres du Congrès qui auront à effectuer un parcours simple supérieur à 50 kilomètres. ou paieront pour ce trajet minimum, afin de se rendre à Monaco, les intéressés devront être munis de la lettre d'invitation qui sera adressée par le Secrétaire Général du Congrès.

Les titulaires de cette lettre sont de plus soumis, en ce qui concerne les trains à emprunter, aux réserves indiquées pour les voyageurs ordinaires dans les affiches et livrets de la marche des trains de chaque réseau.

Enfin ils ne pourront utiliser :

1° Sur le réseau de l'Etat (ancien) : les trains rapides à nombre de places limité ;

2° Sur le réseau du Midi : les trains express et rapides, en troisième classe ;

3° Sur le réseau du Nord : les trains rapides ;

4° Sur le réseau P.-L.-M. : les trains rapides de première classe.

Ces billets doivent être demandés un mois à l'avance, soit au Secrétaire Général du Congrès, soit directement à MM. Thomas Cook et fils, à Paris, 1, Place de l'Opéra, ou aux succursales de leur agence. En ce qui concerne les billets circulaires, cette même maison fournit sur demande tous renseignements utiles.

HOTELS

On trouvera ci-après la liste des hôtels de la Principauté de Monaco. En raison des facilités de communications de jour et de nuit par trains et par tramways entre la Principauté de Monaco et les stations environnantes de la Riviera, on pourra également adopter comme lieu de résidence : Nice, Menton, Villefranche, Beaulieu, etc...

Toutes les indications nécessaires concernant les hôtels de la région seront d'ailleurs fournies par M. Trüb, président de la Chambre de Commerce et directeur de l'Hôtel Métropole, à Monte-Carlo. Il sera prudent de ne pas attendre au dernier moment pour retenir ses chambres, car le Congrès coïncide avec la pleine saison de la Côte d'azur, dont les célèbres attractions mondaines attirent de nombreux touristes.

ORDRE DES TRAVAUX, FÊTES & EXCURSIONS
DU CONGRÈS

Ouverture : **MARDI DE PAQUES 14 AVRIL 1914**

MARDI 14 AVRIL

A 15 heures. — Séance solennelle d'ouverture.
A 21 heures. — Gala à l'Opéra de Monte-Carlo.

MERCREDI 15 AVRIL

A 9 heures. — Travail de la 1re Section (Extradition).
A 15 heures. — Assemblée générale.

JEUDI 16 AVRIL

A 9 heures. — Travail de la 2e Section (Anthropométrie).
A 13 h. 1/2. Excursion suivant le choix des congressistes.
A) *en automobile, sur la Corniche.*
B) *en mer : de Monaco à San-Remo et retour.*

VENDREDI 17 AVRIL

A 9 heures. — Travail de la 3e Section (Casier central).
A 15 heures. — Assemblée générale.
A 21 h. 1/2. — Réception au Palais.

SAMEDI 18 AVRIL

A 9 heures. — Travail de la 4e Section (Questions policières).
A 14 h. 1/2. — Assemblée générale. Clôture officielle.

DIMANCHE 19 AVRIL

Toute la journée. — Excursion facultative.

PREMIÈRE LISTE

DES

RAPPORTEURS GÉNÉRAUX du CONGRÈS

(FRANCE)

Première Section. — EXTRADITION.

Rapporteur : M. Geouffre de Lapradelle, professeur agrégé à la Faculté de Droit de l'Université de Paris, associé de l'Institut de Droit international, secrétaire général de la Société française de Droit international, directeur de la *Revue de Droit international privé et de Droit pénal international.*

Deuxième Section. — ANTHROPOMÉTRIE.

Rapporteur : M. Alphonse Bertillon, chef du service de l'identité judiciaire à la Préfecture de Police.

Troisième Section. — CASIER CENTRAL.

Rapporteur : M. Yvernès, chef du bureau de la statistique et des casiers judiciaires au Ministère de la Justice.

Quatrième Section. — QUESTIONS DE POLICE.

Rapporteur : M. Lucien Mouquin, directeur général honoraire à la Préfecture de Paris.

Bulletin à adresser, rempli et signé, au Secrétaire Général du Congrès :

M. Henri SIMARD, Directeur de la Sûreté publique, Palais du Gouvernement, Principauté de Monaco.

Premier Congrès de Police Judiciaire Internationale
MONACO — 14-20 AVRIL 1914

Je soussigné ....

Qualité : ....

Adresse : ....

déclare adhérer au Congrès (cotisation : **20** francs)

SIGNATURE :